OX Y MANDARÍN
EXTRAÑOS CAMINANTES

ÆREA | *carménère*

Milla van der Have

OX Y MANDARÍN
extraños caminantes
(un zodiaco falso)

Traducción de Marta Fuembuena Loscertales

839.31 van der Have, Milla
H   Ox y Mandarín, extraños caminantes /
        Milla van der Have -- Santiago-Barcelona :
        RIL editores-Ærea | Carménère, 2024.

        60 pág. ; 23 cm.

        ISBN: 978-84-10248-06-9

1 POESÍA HOLANDESA. 2 LITERATURA HOLANDESA.

Ærea | *carménère*

Serie dirigida por
Eleonora Finkelstein y Daniel Calabrese

Ox y Mandarín, extraños caminantes (un zodiaco falso)
Primera edición: abril de 2024

© Milla van der Have, 2024

© De la traducción, Marta Fuembuena Loscertales

© Ærea, 2024

Un sello de RIL® editores
Sede Santiago de Chile: Los Leones 2258 • CP 7511055 Providencia
☏ (56) 22 22 38 100 • ril@rileditores.com • www.rileditores.com

Sede Valparaíso: Cochrane 639, of. 92 • CP 2361801 Valparaíso
☏ (56) 32 274 6203 • valparaiso@rileditores.com

Sede España: europa@rileditores.com

Composición e impresión: RIL® editores
Diseño de colección: Marcelo Uribe Lamour
Imagen de portada: Sharon Waldron

Impreso en España • *Printed in Spain*

ISBN: 978-84-10248-06-9
Depósito Legal: B 8034-2024

el día es fuego desfogado

y ahí está Ox, lento recolector

y Mandarín, sacando brillo a la naranja
de un misil muerto

no se conocen
pero el cielo los lanza
disparados como estrellas

Ox, con mesurada marcha, carga
una veneración quíntuple entre los cuernos
de labores por venir

y Mandarín, envuelto en mentiras e hilando
fuera de ellas como ropa, como de un frugal pariente

al que no conocen
y esto es solo un día

pero Mandarín no sabe nada
de días
y Ox cree lo que se dice
cuando se dice por el sudor de la frente

un día propicio los ancianos
lo llamarán pero ya hace demasiado tiempo que
se cree a los ancianos por cualquier cosa

los mechones oscuros en las cejas
de Mandarín y cada nuevo cuerpo
es un presagio

cada nuevo cuerpo debe ser leído como una revelación
esto es lo que le han dicho a Ox

que un cuerpo es escritura

y debe tomarse así, uncial
tras uncial, margen tras margen
hasta que se haya cumplido una escritura

el amanecer se está agarrando
como un profeta obstinado

y Ox deambula por las calles solitarias, el neón
parpadea maldiciones

se derraman bebidas

mientras Mandarín brinda por las mujeres
de la noche, sus
bocas hambrientas (que advierten)

Ox musculoso y pálido con el deber
errante, un ídolo en forma de buey

que Mandarín echa en falta, llegando al fondo de un
mundo mareado y donde está

el padre de los rebaños, junto al río,
dejándose el lomo en la tierra como un sacrificio

un ángel se anuncia

hace sonar el cuerno que nos manda trabajar
    para entregarnos

        ahora el día es verde y recién casado
            mañana el glifo oculto de un beso bien gastado

                así es como Mandarín sabe que en cada adiós
                    hay algo duro e inexplicable

mientras Ox trabaja y trabaja, arrojando barro
como maldiciones, cantos

            y el día es fuego quemado ahora
            y los brazos se levantan de la tierra
                como tallos calcinados

            y están cantando

    y Ox está cantando
                            y Mandarín está cantando

        para que se libere un calor
            para que las langostas se levanten

            como siempre se levantan

            y el humo envuelve
            la ciudad en un abrazo

                un día rojo un día de campo

            canto canto
            por una justicia aún no imaginada

donde todo se sabe que es verdad y Ox es garganta
y propósito y nos llevará

                      y Mandarín nos conocerá
                      por lo que somos y nos librará

      desde la piel extendida, el trabajador en
la puerta del luto

         que ve que
      el quebrantamiento de la bondad
                  es algo repentino

a veces

Ox

y

Mandarín

bailan lentamente hasta la mañana
música como un tierno capullo

girando en el centro de su propia gravedad

no se conocen
pero se abrazan el uno al otro

después de todo
¿qué es la vida?
sino un elaborado sueño de piel

—

a veces

hay un océano llamado noche
y acuna a

Ox

y

Mandarín

los mantiene descarados y queridos
hundiéndolos

como submarinos

       ¿alguna vez te has parado a pensar
      que la chatarra pudiera contener
        tanto potencial

como para encontrar una cabeza de toro en
un asiento de motorista

         una sirena en una fruta lejana?

     —

      a veces

Ox

      y

          Mandarín
     se detienen en la calle
    sin duda, sin precedentes
  están hechos para sostener sus pertenencias
     para excavar
y Ox
tiene que explicar la semejanza
que centra la cueva áspera

         y Mandarín
       envía a sus primos
       a buscar árboles
   y cuando se vuelven a ensamblar
  en la muerte de lo que les ha dejado

     siempre encuentran piezas faltantes

sólo tienen los hechos de la materia

y sí a veces

a Ox

y

Mandarín

les gusta destrozar un coche patrulla por diversión

entonces Mandarín encuentra formas de convertirse en un sol visible
y claro

Ox luego a escondidas
estudia los patrones de tejer punto
y los describe como coches

como destinos sospechosos

y

a veces

los cuernos de Ox se iluminan

como medias lunas

y todo el mundo sabe que se avecina una nueva corriente
una corriente de amistad y dañina estimación
una marea de hosca belleza susurrada

que ya no necesita ser detenida

para sostener la verdad

—

a veces Ox y Mandarín
se consumen el uno a otro como preguntas

como de dónde saca la mañana
su gran esplendor

          y a veces
          a veces

                Ox y
                Mandarín

     tienen tendencia a estar cerca
    una red luminosa de interacciones

                que nos muestra
        lo que nos debemos a nosotros mismos
           cuando se pierde la buena fe

     a veces

Ox

          y

                Mandarín

     están hechos de la mera luz
    que hilvana un pensamiento con otro

          y que llamamos

     constelaciones

            y saben como
          perros guía extranjeros

         y a veces Ox y Mandarín
se consideran a sí mismos

con la suerte de
tener palabras para las cosas de los demás

encontrar lo desaparecido

porque a veces
todo lo que Ox y Mandarín
quieren es ser

pequeños dioses jugando

en los campos aún inquebrantables

la mayoría de las cosas surgen desde sus propios comienzos

                                              como la noche
                                              o la espuma

      en que Mandarín se basa
      para modelar un mundo

                             aquí el tesoro

aquí una ola gigante
ahora contraola

                                                  y aquí
                              algunas ciudades están intactas
                    dando lugar a una cepa de

poca molestia

                    y muy a menudo Ox
              y Mandarín se esconden allí

          como gárgolas deleitándose
               en sus propias premoniciones oratorias

          escupen escombros
    de una latitud recién descubierta

llevan pequeñas noticias
como regalos

          como conjuros
          de lo invisible

                    y una vez una niña
                    durmió en la calle
                    tanto tiempo que

a los árboles
hablar de anhelo celestial
tanto tiempo
que se hizo ídem otra vez
tanto tiempo como
para ponerse grandes conchas en el pelo
y declararse
hija de la sal y los pétalos de la primavera

y reclama
templos y danzas circulares

en las cuestas
del domingo
o incluso una lucha
siempre y cuando tenga significado
principalmente
insospechado
a menudo las cosas van así
la maravilla de un hombre
es de otro
deriva
y Ox y
Mandarín
mantienen este cariño
como el espacio entre dos soles distantes

porque con qué frecuencia
puedes rechazar
de algo que aún está
por formarse, como el nácar

y saben que una canción es porosa así
cada vez que
la tocas

                                           la cambias

y así es para los dioses
o días de ajuste de cuentas

   o incluso la cadena
       de hermanas-esposas

                 que corre en
          líneas doradas a través de la ciudad
       como un límite

                           un mapa de islas

       perdidas

              y es por eso que Ox y
          Mandarín consideran que las
          golondrinas son bastante
             ingeniosas

encontrando nuevos hogares en hogares
y símbolos
       que traen un reto de verano
       dondequiera que vayan

       porque sí, algunas cosas surgen desde su propio comienzo

como puertas
como las palabras secretas
que Ox vierte en el oído de quien ama
              es una decisión sencilla
para cualquiera de nosotros

         la de cómo pasar las horas
         la de cómo elevar los pensamientos

             porque para pasar de este mundo
             hay que limpiar el cielo de estrellas

e incluso Ox y Mandarín
aún tienen que revelar

a su doble

a Ox y Mandarín
les gusta dar vueltas
en círculos

        pero luego se oponen
        como un sueño en el que
        todo es diferente

                Ox baila un intrincado
                patrón de pasos que
                juntos traman un símbolo

o una mortaja

Mandarín yace tranquilo
pensando

        en lo que es real y lo que pasa a menudo como lluvias

           después de días de tormenta
           de cosas que caen y vuelven a caer

        una vez apareció un ángel para salvar a un viajero
        Ox y Mandarín saben que esto es cierto
        porque tales cuentos tienen su propio criterio

y tantos movimientos
   cuando no estás mirando
      y tanto vagabundeo
            por la noche
            desde camas estériles

muchas cosas pueden ser nombradas incalculables en este mundo
pero no el engendramiento de ti mismo sobre ti mismo
como lo hace Mandarín

                    mientras Ox intenta una y otra vez
                    con piel y huesos desgastados
                    y la llamada de los viejos espíritus

que habitan este trozo de tierra
este límite preliminar

                        de lo sido
                        lo todavía sin ser
                        lo nunca jamás sido

lo cual para Mandarín
es instancia y recompensa

          y cada vez que el suelo se eleva
          para encontrarse con grandes pezuñas y lenguas cetrinas
          cuenta historias de

                    polvo y suelo maravilloso
                    que erradica cuando se le habla
                    o se multiplica en los siete misterios

de lo desconocido:

        - el del hongo venenoso
        - el de la sal
        - el del roedor
        - el de las zonas de nidificación
        - el del corazón fruncido
        - el de la abeja obrera
        - el del rey pisoteado, la tierra
                    en ti

a veces un toque curativo
se inscribe
en las hayas

y así que se despojan de sus erizos
como bendiciones

        como señales
        en el camino

                Ox y
                Mandarín

                caminan entre ellas con
los pies sumisos

                como pecadores

que no se atreven a pedir
perdón

pero están estropeados por
esta singular

                belleza, eso sí

Ox y Mandarín
llevan cada uno

lo que les fue dado
que es la dificultad
de ser a la par
invento y requisito
que es el descenso lento
de una estrella loca
a otra
que es lo que

normalmente
llamamos vacío

pero que

para
Ox y Mandarín

se ha convertido en
el elemento más cálido
el modo más verdadero de ser

y Ox carga
y Mandarín carga

el discurso solemne
la alegría y el dolor y la simple cordura

de ser encarnado

水

entonces, ¿por qué la serpiente
       nunca se arrastra por el árbol

            pero en su lugar se convirtió
               el mítico río

            en un amigo?
porque el agua, como el infinito
a veces toma la forma de un reptil bizco

      o un alce a punto de romperse
      por un arroyo de montaña
         en una primavera salvaje que sube

      de las fronteras congeladas

Ox y Mandarín saben
de las vistas extrañas

    que llevan las astas
       hasta donde todo
            se aplaca
            en comienzo y desamparo

                 y la compasión se lee
           como una flor entre ellos
como una falla de nieve

    que nunca se rompe
      cuando está destinado al

        火

    y tal vez

ahogarse significa morir
aún más

porque lo que se convierte en cenizas
también debe desecharse en

cualquier pensamiento anterior
de ser preliminarmente aburrido

y yo una vez
tuve una visión
de humo
y verano elegante
cuerpos que se alimentan
en el fuego
sus nombres
sus sueños de
bestia duplicada
zorro y sabueso
temen y temen por igual

por eso
Ox y Mandarín
juegan a menudo
con esos cachorros que se van estirando
y plagan la noche
de nuevo en excrementos
bajo la luz de las estrellas

±

pocas cosas
son obvias
meridianas sin remedio

mira a Ox y Mandarín
pensando en los elefantes salvajes

como un rey sajón

con la misma actitud bélica
con la misma estrategia de suerte echada

ante cualquier luto
ya jurado por los huesos

piensan en caballos
que buscan el precipicio

no esperando la caída en picado
no para el levantamiento

pero por la suave oleada
de ser suspendido

en esa breve muerte
entre quietud
y lazos de piedra

cuando ya todas las decisiones difíciles
se han tomado

y vacilar
ya no es una opción

ya no es
ni una semilla

sobre un sagrado
terreno robado

風

aire, al fin

el sueño de los alcatraces

la caída

el polvo de plumas

las muy habladas
mitologías

de aves
que alimentan y roban y perforan y encuentran

su merecido
entre los cebos

de los dioses

lo que no ha habido entre las aves
entre palomas y gorriones
y grandes pechos de plata

entre gansos y gaviotas
entre los aliados alados
de la luna

los búhos
y la alondra solitaria que llora

que solía llevar
una nuez de oro
ven mañana

ven por la mañana cuando
Ox y Mandarín

duermen
su piel asignada

mudando la piel
como todas las constelaciones
deberían hacer seguramente

venga di,
> que eso no fue lo primero
> en las manos del cielo

eso no era huevo
> u ojo endurecido por la batalla
>> o tal vez
>> una chica sencilla sin confianza

o gran gesto
> de isla tras isla
>> levantándose de

un errado
> mar
>> lo que persiste
>> más allá del amanecer más allá del
>> corazón de

>> cualquier descendiente desgastado
>> de algún árbol caído

por eso
hay una cierta tristeza

> en cada migración
>> en cada paliza legendaria
>> de un ala

Ox y Mandarín han sido serviles
como otros antes que ellos

por la curva de un río
roto fuera de su límite

     algunos monstruos son olvidados
     incluso antes de que llegaran

 mientras que otros se enfrían
 junto a un arroyo furioso

   como piedras pulidas
   como fragmentos de alguna antigua cultura inquieta

   todo engendra todo

el barro se convierte en ciervo la
arena una torre de sol una vara de oro

    para señalar el tiempo
     para señalar el cielo escaso

  los ancianos dirían o tal vez el camino
  de quienes entre medias bailan

     como el lirio del valle
   como el gran campo de gravedad
que recubre lo que te importa

en extrañas cimas
como dientes

        de un mastodonte olvidado
        en conjuro de ámbar

    y Ox se vuelve

                y Mandarín se vuelve

     y un pájaro rojo baila una advertencia

        de duelo común
        de una procesión grosera

        de simples pasados
           una vez que dormimos

pero Ox se va

               y Mandarín baja
     por el sendero

      hasta donde espera una blancura

      para aunarlo todo para sellarlo todo
      en lino y telas
  a engalanarlo
      para fijar
    un nombre cualquiera en la sangre

sí, todo
se degrada a todo
hasta sus inicios

    y hay
    tantos oráculos como mares de invierno
    y cada uno dice una verdad individual y evidente

: que Mandarín es teja e inquieto
una pistola de naranja

                          : que Ox debe caer más allá del sedoso,
                          estimado, festivo camino:

      : que las cruces de piedra son las más fuertes

   no se pueden mover
   no se pueden alterar

               simplemente se quedan allí como un centro
   para que Ox y Mandarín lo recorran

                 y hay esfuerzo y humedad
       y el grito culpabilizador que se burla

   de las víctimas a medida que son conducidas a la creencia de que

Ox teme más al cuchillo
porque el cuchillo es vasija y la voz un signo
por el que los elegidos se conocen
                y Mandarín en silencio
                confunde la muerte con
                un pasatiempo

      porque siempre puedes darle la vuelta y revertir

tu propia piel

cuando el sol está en su apogeo
todos los viajes deben terminar

para Ox

y para Mandarín
que aún no se conocen
y seguirán así
por mucho tiempo

Ox lo sabe

y Mandarín lo sabe
pero ninguno de los dos está listo
ni para un paso largo

porque Ox lleva

y Mandarín es el peso
que rompe los árboles

y cuando Ox tropieza

a Mandarín le llega algo
sin saber de dónde viene

y cuando aparece Mandarín
Ox considera que una estrella brillante
es el nuevo norte verdadero
        (aunque un símbolo de cierta predilección)

solo así Ox a veces
en el prado antes de nacer
recuerda algo

que apenas tiene sentido cuando estás solo

                                    y la fortuna de Mandarín indica que
                                   hay demasiados amuletos en el mundo
                                   para que sea mera coincidencia

                así que no
                no importa qué
                cénit se alce
Ox se moverá

                                   y Mandarín se moverá

        y cada uno tiene su propio Rubicón para cruzar
        al otro lado del cual

        miente el sacrilegio

        y muchos errores, disfrazados
        de algo insignificante
        espiándote a través de papeles agujereados

ojalá Ox pudiera irse
donde fueron los emperadores

                            ojalá Mandarín estuviera hecho
                            para estatuas y grandes círculos

                pero aún así
                este no es el final
                no para ellos

no lo será por un buen tramo
                              ni lo será por un brutal suspiro

el mundo permanecerá sin respuesta

más o menos un heliotropo

más o menos un sabio

más o menos una broma astuta

en el filo externo de la fe
la sangre siempre se derrama

  por el alcance del imperio
  para los creyentes en sus chozas

    de mala poesía fina

  por los que siempre
  piensan un paso adelante
                en el dominio
            y nunca los árboles
     se salvan
    Ox trenza los troncos firmes
    en un collar en
    un amuleto de antaño

      y Mandarín tiene en cuenta sus estacas
      una defensa de magnitud puntiaguda

       puedes ver a Ox y a Mandarín meciéndose
       como un cuerpo de agua

        que no cesa
        que no está

          pero a menudo no se ve
          a menudo filtrándose en el fondo
          estabilizando el terreno contra

invasores que llegarán sin importar
cuánto los disipes

y para Ox y Mandarín los bosques no son
necesariamente verdes, están dibujados
en sombras de refugio

donde las aves anidan dentro de las raíces
y las libélulas recogen oraciones rancias
de los caídos

hay una ladera
que nunca capta la luz
y es allí donde crecen las leyendas

de vagabundas
o soldados

que no encuentran descanso
ahora que su lucha ha terminado
quién lucha por un límite piensa
Mandarín que sólo conoce

la amplitud del sol, la multitud

y tal vez la pregunta no es qué significa
pertenecer a la tierra, a las armas, a las insinuaciones de los parientes
pero ¿por qué nos dejamos detrás
de donde caminamos
por qué nos extendemos como sueños y siempre
una sola distancia llama
una nueva frontera
otra familia elegida?
con ese fin Ox tararea
profundos pensamientos rebuznados

y el pobre

             Mandarín se entretiene con cada
             carretera con todas las rutas de buceo

el bosque esconde muchas cosas
pero sobre todo lo que llevamos

                los rostros que
                mantenemos en la

oscuridad
las palabras que susurramos
      a quien nos ha dejado

         porque cada conquista tiene un general hechizado
         en su extremo y el norte no es diferente

      y tampoco lo son Ox y Mandarín
      sufres por lo que no puedes abandonar
      y solo la tierra cultivada se pierde realmente

entre dos ríos los espíritus siempre dicen
su propia verdad
hablan de Ox y Mandarín
y cuentan grandes inundaciones y batallas que hacen estragos

      como olas rompiendo y menguando
      disminuyendo y acercándose

        dicen que el tiempo también es como un bosque
        que puede atravesarte si le dejas

        pero en verdad la línea ahonda
        en algún lugar entre Ox y

Mandarín separándolos
tanto como

                                  los ata

      marcándolos
      haciéndolos suyos

dentro de estos confines / ox y mandarín solo encuentran lo que es suyo para encontrar / lo que a menudo son las azaleas floreciendo contra cierto tipo de desaparición / ningún símbolo es irrefutable / ni siquiera las que vienen con flores y huelen vagamente / a muerte

y ox y mandarín
llevaban cada uno las diminutas pajitas de una existencia anterior y como zarcillos se aferraban a la siguiente —

— y cerca del borde del bosque / vive un hombre / mientras camina sus ojos se iluminan con los árboles / como joyas piensa ox / musgo fluorescente / dice mandarín // es un hombre de cierto encanto / la forma en que se mueve casi como una serpiente / y en cuevas de hoja perenne les enseña que no pueden olvidar lo que ven / mientras no intenten /

piense en un dragón tuerto / como una especie de figura paterna / o un impostor / que a menudo se reduce a lo mismo / necesitamos reyes para asesinarlos / para salvar / el fracaso innato de las cosas / esa es su belleza también /

y mandarín sabe que los errores son cosas tranquilas
como cuando un camino te gira hacia un lado
y hay todo un paisaje sin pavimentar

pero inclinado y granular / como en ese sueño
donde ox rastrea el hacha con el sol

39

y también que las brujas son algo bonitas / con sus caras como mapas /
porque las arrugas muestran cada diferencia / como una uña dirigida/
trabajando el yeso / alrededor de él

pero ox ve el tiempo   pero mandarín juega
como una bestia paralela estrangulada   en ella prospera en ella

algo que debes   es
mantener cerca   su
para ello   poco
para darle

                                                     renegado
cualquier sentido posible
para que respire   lo permite

todas estas pequeñas angustias / son en su mayoría solo puntos de
referencia

para que un día /ox y mandarín encuentren el lugar / el sol se va / el
final del camino es donde no hay / más animales / solo árboles que
florecen el blanco / de recuerdos / donde los pétalos caen a sus pies
como un sudario /

pisan suaves como amantes / como sol y luna / esto es todo / esta es la
altitud sagrada donde termina // lo que los mantiene separados

la noche ha desaparecido
como pelaje viejo

amarga, llega la mañana

Ox camina

y Mandarín camina

cada uno por su lado
cada uno en su propio lado del regreso a casa

cada uno con su propia proclividad
de ser leído y leído otra vez

aún no se han conocido
tal vez nunca lo hagan

tantas vidas pasadas que llevar

Ox ha sido un martillo para alejar
amigos

Mandarín ha sido un caballero con doncellas
Mandarín ha sido una defensa incondicional
contra las disfunciones de la carne

y ahora se han envuelto
alrededor de los tobillos de Ox

para sufrir el destino
de lo que se ha encontrado pesando

y querer

a veces piensan en vidas pasadas
como un laberinto de fabricación propia

(lo que a menudo se conoce como muerte
pero esto no es eso)

Ox camina y Mandarín camina

Ox y Mandarín se mueven cada uno
con sus bolitas de verdad

porque algunas cosas funcionan mejor en pequeñas dosis
algunas cosas se anuncian sin que nos demos cuenta

para Ox es una vida profesada
porque los secretos son como un río

y Mandarín cree que es
el lento peaje de las horas

de una forma u otra
te cubrirá el cieno

siempre hace violencia para que algo bueno se construya
ninguna creación surge de la nada

ninguna creación es sin fin

y qué diferencia hay entre contar una historia y perderse
solo porque crees que conoces el camino

(conocer el camino está sobrevalorado, los ancianos
dirían que tanto como saber dónde se está)

solo porque intuyas tu camino a casa
aunque no puedas siquiera intuir el camino de un cuerpo
al siguiente

de esa capa escurridiza
de esa larga bobina

de los rastros de sangre
de la agonía de la muerte

una historia significa perderse y perderse de nuevo
que es lo más familiar

una historia significa trazar tus propios pasos

hasta que ya no te corresponda
a ti trazarlos

una historia significa pasar el dedo
sobre el filo del abismo

hasta encontrar exactamente dónde te duele

hasta encontrarlo a la espera
de encontrarlo

no

Ox

y

Mandarín

están

rotos

rotos como una rueda
rompe
su trayectoria

rotos como un acorde
llorando por su antigua madre

rotos como todos estamos
rotos por dentro

no

atrás quedan
Ox y Mandarín

terminados como

a veces se termina una respiración
antes de que puedas hablar

terminados como

un acuerdo
termina su entorno
con la elegía

terminados como
un mito

cuando se vuelve sedentario
(esto fue antes del principio
de las cosas o eso dicen los ancianos)

no
Ox
y
Mandarín
se han ido
y en su lugar
solamente

llamadas silbantes

quedan
llamadas silbantes
y gritos vacíos
aquí hay belicistas ahora
y políticos
que equivocan
sus palabras

para buques
de verdad
aquí los lobos se han convertido en perros
una cosa del pasado

no

Ox y Mandarín
encuentran el mundo de caparazón blando
y ansioso por complacer

con cualquier tipo de retórica
un lugar destrozado

que no hay hilo de oro fino que
pueda coser

sin

errar los deshilachados
bordes

los márgenes del barro
y la espuma y los condenados
mentalidad

de los pocos

no

Ox

y

Mandarín

son figuras diminutas
en los globos de nieve

de las demás
mentes

una oración de seda que forma
entre la respiración
y el misterio del sueño

una cámara lenta
malentendido

que a menudo se encuentra

en el umbral
de incredulidad

una brizna
de saliva

en un rincón olvidado
del sueño

sí

Ox y Mandarín

son
dragones sagrados de fuego

hechos
para ver

dentro del laberinto

el sueño nunca termina

dentro del laberinto

Ox y Mandarín

están atados juntos

y serpentean

como el camino

y lo que mata

dentro del laberinto

los corazones están atados

y los trucos que hace Mandarín
se convierten en una realidad impresionante

casi nunca hay
un monstruo

solo dentro del laberinto

la heroicidad de lo extraño

hombres dorados
que usan escudos
para espejos

y se creen sabios

nadie ha visto
nunca

el verdadero corazón
del laberinto
sin mentir

ni siquiera Ox

ni siquiera la más
temeraria de las niñas
que bailan alrededor de Ox
con grandes flores en el pelo

dentro del
laberinto

hay otro laberinto

uno oculto
uno bien conocido

uno hecho de hilos y agujas
uno hecho de médula y hueso

uno hecho de amantes
desgastados y niños
perdidos
aquí se devuelve cada misterio
a su verdadero comienzo

que es

sencillo
tacto

que es donde
Ox y Mandarín

finalmente duermen

un día comienza como cualquier día comienza
con algo moviéndose

Ox y Mandarín
abajo

por su estrecho mar

donde Mandarín pesca almejas
con perlas

igual que una langosta lleva a su presa
hasta donde retrocede la orilla

en una secuela

y Ox lame cuidadosamente
la sal de un ser inteligente

que se revuelve y habla
volúmenes de verdad

que solo unos pocos

creen

que es la forma bovina
de tratar cosas importantes

y a menudo sucederá así
que Ox y el Mandarín darán vueltas

agitándose en sus lechosos sueños respectivos
como leopardos moteados

                    como peces de gran ambivalencia
                    atados entre sí

            según cómo
            oscile
            su espíritu
así es como Ox
está en todo

       así es cómo Mandarín engendra

                    una pequeña galaxia afectada

            sí
el mundo comienza
la forma en que termina
       con algo
       en el agua

       o más bien
       el punto fatal
       donde todo
     es como es

     solo
     una iluminación

          ◎

       pero cuando duerme
       hay una especie de quietud

en sus ojos
que no ha
estado

allí antes
               y ni Ox
               ni Mandarín
               saben
                         cómo distinguir el sueño
                         de la muerte
          no pueden
          está en

la respiración

               en el silencioso deshacerse
               de sus células
          en
          sueños
                         de
                         ceniza

               en ondulación lenta
               lobos
corriendo la luna
          fuera
          de
          su
          piel

                         ◎

          hay un extraño
          cuento

de que en la casa
de la ilusión

Ox y
        Mandarín

son cada uno
sus

complementarios
   como
           válvulas de lanzamiento
           como grandes tambores galvanizados
           que
reverberan
como latidos del corazón

a veces como
una era susurrada de belleza

    y que

Ox

        y

            Mandarín
   tejerán
     sus
            huesos
  rotos antaño
  en un nuevo tapiz
         un buque si quieres
           que está hecho de clavos
              que ya no navega

generaciones tras
generaciones
pero en el terciopelo
del trueno de Ox

de Mandarín
en el extraño verso de tejido

brilla una piel tranquila
como un amante todavía

intacto

al final como si

todo se hiciera de nuevo
todo permaneciera como es

como cuando
el universo se pone

en una caja
no hay nada

que falte
nada

que no esté ya contenido
en todo lo demás

ÍNDICE

Este libro se terminó de imprimir
en abril de 2024

RIL® editores • España

europa@rileditores.com

Se utilizó tecnología de última generación que reduce
el impacto medioambiental, pues ocupa estrictamente el
papel necesario para su producción, y se aplicaron altos
estándares para la gestión y reciclaje de desechos en
toda la cadena de producción.